우당퉁탕 내 마음

NE 능률

여러분을 응원합니다!

따뜻한 글을 쓴 선생님이……

이현정 따라 쓰는 과정에서 자연스럽게 좋은 습관과 생각이 자라날 거예요.

김서나경 마음은 알아채기 어려워요. 이 책이 나도 모르는 내 마음을 쉽게 이해하도록 도와줄 거예요.

왕입분 새로운 세상을 배우고, 친구들과 함께 웃으며, 매일매일 즐거운 추억을 만들어 보세요.

재기 발랄한 그림을 그린 선생님이……

루루 학교생활이 재밌고 즐거운 추억으로 가득 채워지길 바라요.

명하나 마음을 가만히 들여다봐요. 내 마음도 다른 사람의 마음도 잘 살피는 다정한 사람이 되길 바라요.

혜경 가끔은 자신이 마음에 안 들 때도 있지. 그럼 어때. 항상 좋을 수는 없잖아. 자기 자신을 사랑해 봐!

유현진 오늘의 작은 일들이 모여 자신을 조금씩 더 멋진 사람으로 만들어 줄 거예요!

김경진 다른 사람과 함께 걷는다는 것은 때론 신나고 때론 기다림을 배우는 시간이 될 거예요.

지효진 책을 읽고 학교생활을 하며 사회성을 쑥쑥 키우길 바랍니다.

정희정 지금의 너처럼, 우리의 마음이 자라면 세상도 더 넓어질 거야.

윤희재 여러분의 꿈이 한 뼘 더 자라게 될 테니 자신 있게 나아가 봐요.

이 책을 기획한 선생님이……

NE 초등마음연구회 글은 마음의 거울이래요. 이 책에 담는 정성만큼, 여러분의 마음도 예쁘게 자랄 거예요.

머리말

최근 우리 아이들은 또래 관계, 과도한 학습 경쟁, 인성 교육의 부재 등으로 정서적 어려움을 겪고 있습니다. 이런 아이들의 마음을 행복하게 하고 건강한 사회의 구성원이 되도록 도와주기 위해서는 무엇이 필요할까요?

교육부에서는 2025년부터 사회정서교육을 도입하고 있습니다. 이 교육은 자기 이해, 자기 관리, 타인 이해, 대인 관계, 책임 있는 의사 결정의 5대 핵심 역량을 증진하는 데 목적이 있습니다. 사회정서교육을 통해 아이들의 마음 건강에 도움을 주고, 행동 문제를 예방하고자 하고 있습니다.

쓱쓱싹싹은 사회정서교육의 핵심 역량을 아이들이 공감할 수 있는 이야기에 담아 표현했습니다. 아이들이 직접 겪어 볼 수 있는 일화가 담긴 글을 읽으며 글 안에 담겨 있는 사회정서의 핵심 역량을 스스로 찾고 생각하며 마음에 새길 수 있도록 하였습니다.

특히 책의 내용을 마음에 새기는 데 효과적인 활동인 '따라쓰기'를 활용하여, 아이들이 생각해 볼 만한 부분을 원고지에 직접 따라 쓰도록 구성하였습니다.

▲ 쓱쓱싹싹 시리즈

쓱쓱싹싹을 통해 사회정서의 핵심 역량을 담은 글을 읽으며 마음을 치유하고, 이를 따라 쓰며 그 내용을 마음에 새겨 보세요. 쓰기 자신감이 향상되는 효과도 함께 얻을 수 있습니다.

이제 우리의 마음을 따뜻하게 할 이야기들과 만날 준비가 되셨나요?

이 책의 활용법

이 책은 '마음'에 관한 사회정서 주제를 중심으로, 이야기를 읽고 따라 쓰며 생각과 마음을 함께 키울 수 있도록 구성되어 있어요. 다양한 주제의 이야기를 읽으면서 문해력을 키우고, 주제에 맞는 내용을 따라 쓰면서 올바른 쓰기 습관을 길러 보세요. 낱말 놀이를 통해 어휘력도 함께 성장시킬 수 있어요.

다음 순서로 활용해 보세요.

01 오늘의 주제를 확인하고, 이야기를 천천히 읽어요.

02 이야기 속 어려운 어휘를 살펴보아요.

밑줄 친 부분은 주제가 담겨 있고, 원고지에 따라 쓸 부분이에요.

01 **32 나는 나를 칭찬해요**

비가 주룩주룩 내리는 일요일이었어요. 비가 와서 그런지 지렁이들이 잔뜩 화단 밖으로 기어 나와 있었지요.

"악, 징그러워."

벌레를 무서워하는 나는 지렁이를 보고 *인상을 찡그렸어요. 그냥 지나치려는데 문득 아침에 본 일기예보가 생각이 났어요. 오후에는 비가 그친다고 했거든요. 지렁이가 징그럽지만, 그냥 갈 수는 없었지요.

'비가 그치고 해가 뜨면 지렁이들이 말라 죽을지도 몰라.'

나는 나뭇가지를 주워 젓가락처럼 잡았어요. 그리고 지렁이를 하나하나 화단으로 옮겨주었지요. 누가 시킨 일도 아닌데 말이에요.

"휴, 다 했다."

많은 지렁이를 옮기는 일은 쉽지 않았어요. 징그럽기도 했고요. 하지만 지렁이를 무사히 다 옮기고 나니 마음이 뿌듯했어요.

지렁이들의 *생명을 구했다는 생각에 행복했지요. 누가 알아주지 않아도 괜찮았어요. 좋은 일을 했다는 것을 내가 잘 아니까요.

"잘했어, 진짜 잘했어."

02 *인상 사람 얼굴의 근육이나 눈살 등.
*생명 동물과 식물의, 생물로서 살아 있게 하는 힘.

03 밑줄 친 부분을 다시 읽고, 원고지에 따라 써요.

04 오늘 느낀 내 마음을 한 줄 일기로 써요.

05 각 장이 끝나면, 낱말 놀이를 하며 어휘력을 키워요.

* 정답은 마지막 페이지에서 확인할 수 있어요.

쑥쑥 따라 쓰는 한 줄 한 줄 속에서
마음은 단단해지고
생각은 자라납니다.
읽고, 쓰고, 생각하는 과정을 통해
사회정서의 힘을
쑥쑥 성장시켜 보세요.

차례

원고지 쓰는 방법

원고지에 글을 쓸 때는 방법을 알아야 해요. 원고지에 글을 쓰면 글씨를 바르게 쓰는 방법, 띄어쓰기 등도 함께 익힐 수 있어요.

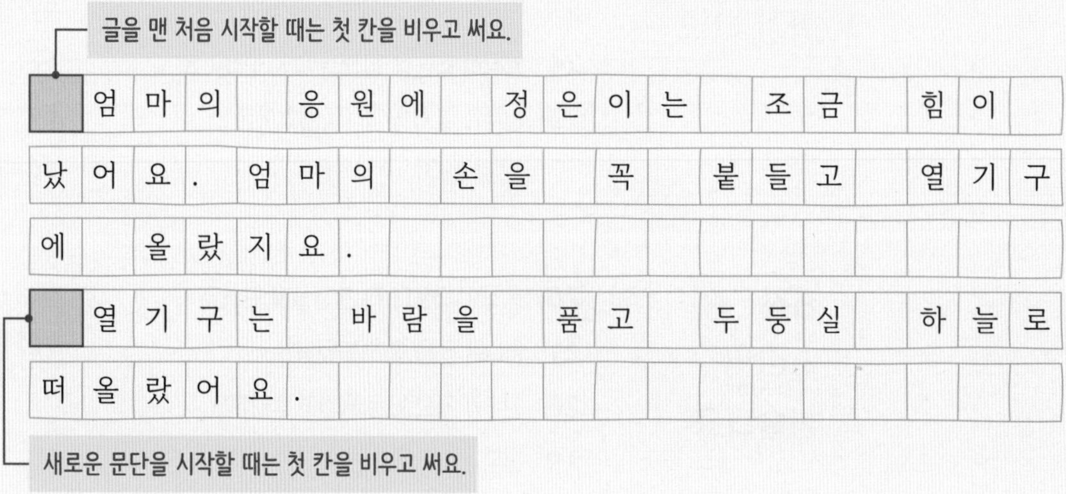

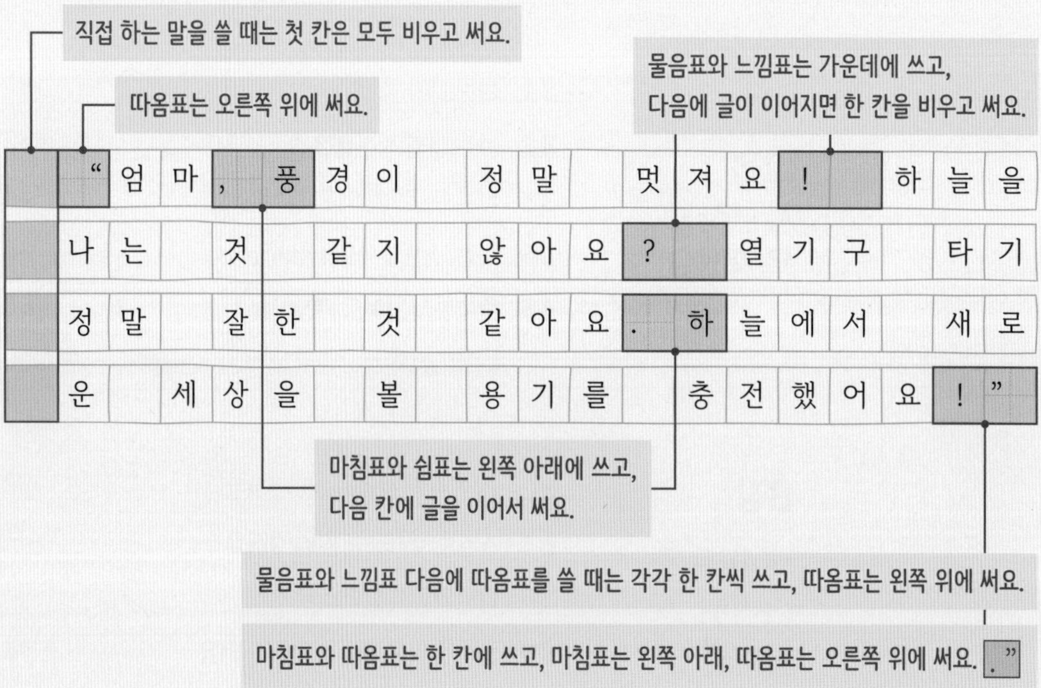

1장

행복하고 설레요

01 가족과 함께했어요

"뿡뿡이가 좋아요. 왜? 그냥, 그냥, 그냥!"

귀에 익은 멜로디가 흘러나오자 윤찬이는 속으로 한숨을 쉬었어요. 이제 이런 노래는 너무 *유치하다고 생각했거든요. 하지만 동생 윤빈이는 '방귀대장 뿡뿡이'에 푹 빠져서 이 노래만 매일 들었어요. 오늘도 세 번째 반복 중!

엄마, 아빠는 윤찬이의 마음도 모르고 신나게 따라 부르셨어요. 윤찬이는 짜증이 났지만, 형답게 꾹 참았어요. 그러다 자기도 모르게 노래를 흥얼거리기 시작했지요. 그런데 자꾸 입으로 '뿡뿡' 거리다 보니 진짜 방귀가 나올 것 같은 거예요.

그러다가 결국…… 뿡, 뿌웅!

온 가족이 동시에 코를 막고 비명을 질렀어요.

"앗! 뭐야, 이 냄새는!"

그때 윤찬이가 빨개진 얼굴로 소리쳤어요.

"뿡뿡이 노래만 자꾸 들으니까 그렇잖아요! 방귀가 막 나와요."

윤찬이의 말에 가족들은 모두 웃음이 터졌어요. 윤찬이도 따라 웃었지요. *지독한 방귀를 뀌어도 함께 웃을 수 있는 가족들이 있어 행복했어요.

*유치하다고 수준이 낮거나 미숙하다고.

*지독한 (느껴지는 정도가) 매우 심한.

밑줄 친 부분을 쓱쓱 따라 써 봐요

읽고 쓴 날 월 일

한 줄 일기를 쓰고 쑥쑥 마음을 키워요

02 친구들과 함께 놀았어요

태호에게는 감추고 싶은 것이 하나 있어요. 바로 자전거를 못 탄다는 거예요. 공원에서 친구들이 자전거를 타고 달릴 때마다 태호는 물끄러미 바라보기만 했어요.

'그래, 나도 자전거 타는 법을 배워야겠어.'

태호는 아빠와 함께 매일 자전거를 타는 연습을 했어요. 그러던 어느 날, 드디어 자전거를 혼자 타는 데 *성공했어요.

"됐다, 나 진짜 혼자 탄다!"

태호는 자전거를 타고 신나게 공원으로 달려갔어요.

"어? 태호야. 너도 자전거를 탈 수 있구나!"

민서가 활짝 웃는 얼굴로 태호를 맞았어요.

태호는 기분이 좋아서 페달을 더 *힘껏 밟았어요. 그때, 친구들이 모두 다가와서 함께 달렸어요.

"함께 자전거를 타니까 행복해!"

"와, 자전거 언제 배운 거야? 너무 잘 탄다!"

친구들은 저마다 한마디씩 칭찬을 해 주었어요. 태호는 친구들과 함께 구름 위를 달리는 기분이었어요. 자전거를 따라 오는 바람이 아주 포근하게 느껴졌어요.

*성공했어요 목적하던 것을 이뤘어요.

*힘껏 있는 힘을 다하여. 또는 힘이 닿는 데까지.

밑줄 친 부분을 쑥쑥 따라 써 봐요

읽고 쓴 날 월 일

한 줄 일기를 쓰고 쑥쑥 마음을 키워요

03 선물을 받았어요

비가 오던 날, 엄마와 함께 문구점 앞을 지나던 하율이는 진열장 속 반짝이는 무언가를 보게 되었어요.

'우아, 다이어리 *꾸미기 세트다!'

순간, 학교에서 본 설이의 다이어리가 생각났어요.

"하율아, '다꾸'라고 들어 봤어? '다이어리 꾸미기'의 줄임말이야. 열쇠고리도 달려 있고, 이렇게 스티커로 예쁘게 꾸밀 수도 있어."

설이가 자랑하던 모습이 떠올랐어요. 하지만 하율이는 이미 일기장으로 쓰는 공책이 있어서 아쉽게 발길을 돌렸어요.

며칠 뒤, 학교에서 돌아온 하율이는 책상 위에 놓인 작은 상자와 편지를 보았어요.

'우리 하율이에게. 사랑을 담아, 엄마가.'

하율이는 조심조심 상자를 열었어요.

"어? 다이어리 꾸미기 세트잖아!"

하율이는 두 손으로 얼굴을 *감쌌어요. 너무 기뻐서 가슴이 두근대고 간질간질했어요.

그날 하율이는 다이어리 첫 장에 커다란 하트 모양의 스티커를 붙이며 이렇게 썼어요.

"엄마는 내 마음을 꾸미는 마법사야."

***꾸미기** 매만져 모양을 좋게 하기.

***감쌌어요** 전체를 둘러서 쌌어요.

밑줄 친 부분을 쓱쓱 따라 써 봐요

읽고 쓴 날 월 일

한 줄 일기를 쓰고 쑥쑥 마음을 키워요

04 특별한 날을 맞았어요

아침이 밝기도 전에 서연이는 눈을 번쩍 떴어요. 아직 새벽이라 창밖이 캄캄했지만, 서연이는 안방으로 뛰어갔어요.

"엄마, 아빠, 빨리 일어나세요!"

엄마가 먼저 부스스 일어나셨어요.

"서연아, 아직 새벽이잖아."

시계를 보니 아직 오전 5시 55분이에요. 보통 때 같으면 서연이는 아직 꿈나라에 있을 시간이었지요.

"그래, 오늘이 어린이날이지!"

*뒤이어 일어난 아빠가 빙그레 웃으며 말씀하셨어요.

"제가 얼마나 오늘을 기다렸는지 아시잖아요. 단 한 시간도 그냥 보낼 수 없어요!"

서연이의 말에 엄마, 아빠는 웃음이 터졌어요.

"그래, 우리 어린이날 대장님. 오늘은 대장님이 제일 좋아하는 놀이동산에 갈 거야! 대신 딱 한 시간만 더 자자!"

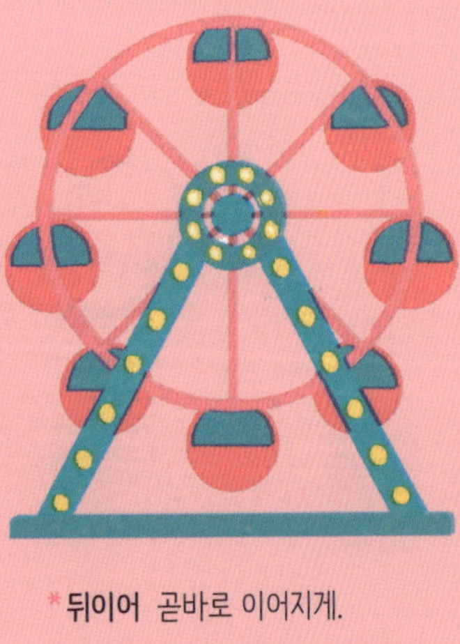

"네, 그럼 딱 한 시간만이에요!"

시간이 가길 기다리며 서연이는 가슴이 벅차고 행복했어요. 날마다 어린이날이면 좋겠다고 생각할 만큼이요.

'너무 기뻐, 매일이 *특별한 날이면 얼마나 좋을까?'

*뒤이어 곧바로 이어지게.

*특별한 보통과 구별되게 다른.

밑줄 친 부분을 쓱쓱 따라 써 봐요

읽고 쓴 날 월 일

한 줄 일기를 쓰고 쑥쑥 마음을 키워요

05 반려동물을 키우게 되었어요

이안이는 아침부터 기분이 좋았어요. 오늘은 유기견 센터에서 뭉치가 오는 날이거든요. 학교가 끝나자마자 이안이는 집으로 달려갔어요. 사진으로만 보던 뭉치와 드디어 만나는 거예요. 이안이는 너무 좋아서 하늘을 걷는 것만 같았어요.

"엄마! 뭉치 왔어?"

이안이는 현관문을 열자마자 크게 소리쳤어요. 그때, 거실 한쪽에 하얀 털이 뭉쳐 있는 것 같은 자그만 강아지가 보였어요.

"뭉치야!"

이안이가 다가가자 뭉치는 깜짝 놀라 엄마 다리 뒤로 숨었어요.

"이안아, 갑자기 그러면 뭉치가 놀라니까 조심해."

이안이가 머리를 *긁적이며 뭉치와 멀지 않은 곳에 조용히 앉았어요.

그제서야 뭉치가 엄마 다리 옆으로 머리를 빼꼼 내밀었어요.

"뭉치야, 반가워. 이제부터 너는 내 동생이야. 우리 행복하게 지내자."

이안이는 뭉치에게 간식도 주고 함께 *뛰노는 날들이 눈앞에 그려졌어요. 뭉치도 그런 이안이가 싫지 않은지 눈을 반짝이며 바라보고 있었지요.

*긁적이며 머리나 살갗을 잇달아 가볍게 자꾸 긁으며.

*뛰노는 이리 뛰고 저리 뛰고 하면서 노는.

밑줄 친 부분을 쓱쓱 따라 써 봐요

읽고 쓴 날 월 일

한 줄 일기를 쓰고 쑥쑥 마음을 키워요

쑥쑥쑥쑥

낱말 놀이

사다리를 타며 낱말을 찾아봐!

다음은 어떤 낱말의 뜻인지 사다리를 타고 내려가 확인해 보세요.

2장

고맙고 사랑해요

06 도전할 때 가족의 응원을 받았어요

"만수야! 배드민턴 한번 해 볼래?"

학교에서 배드민턴 무료 *강습을 해 준다는 안내장을 보고 엄마가 말했어요. 만수는 운동을 별로 좋아하지 않아 고개를 저었지만, 엄마의 부탁에 한 번만 가 보기로 했어요.

다음날, 만수는 체육관에 들어서다가 깜짝 놀랐어요. 만수가 좋아하는 재경이가 있었거든요. 마음이 금세 달라진 만수는 체육관에 매일 오고 싶어졌어요.

"아빠, 저 배드민턴을 잘 치고 싶어요!"

일요일에 만수네 가족은 공원에서 배드민턴 연습을 했어요. 만수는 재경이 앞에서 멋진 모습을 보여주고 싶었어요. 하지만 자꾸 서브를 넣지 못했어요.

"포기하지 말고, 한 번만 더 해 보자!"

만수는 계속 *응원해 주는 엄마, 아빠께 정말 고마웠어요. 순간, 힘이 불끈 생겼어요. 할 수 있다는 마음을 먹고 라켓을 휘둘렀어요.

그때 셔틀콕이 라켓에 딱 맞고 멀리 날아갔어요.

"성공이다!"

이제 재경이 앞에서 멋진 모습을 보여 줄 순간만 남았어요.

*강습 일정 기간 동안 어떤 지식이나 기술 등을 배우고 익히도록 가르침.

*응원 곁에서 힘을 낼 수 있도록 도와주는 일.

밑줄 친 부분을 쓱쓱 따라 써 봐요

읽고 쓴 날 월 일

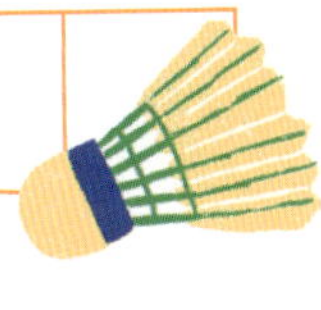

한 줄 일기를 쓰고 쑥쑥 마음을 키워요

07 아플 때 가족의 간호를 받았어요

"우리 수현이가 어쩐 일로 방에만 있어? 설마 공부하는 거야?"

엄마가 방문을 빼꼼 열고서 농담을 건네다가 깜짝 놀라 나에게로 달려왔어요. 나는 일어날 수가 없었어요. 몸이 너무 춥고 덜덜 떨렸지요. 엄마가 손으로 내 이마를 짚었어요.

"세상에, 열이 펄펄 나네."

엄마가 내 몸을 미지근한 수건으로 닦으셨어요. 잠시 후에 아빠가 사 오신 *해열제를 먹은 나는 금방 또 잠이 들었어요.

얼마나 시간이 흘렀을까요? 창틀로 따스한 햇살이 들어오고 있었어요. 그런데 몸이 가볍고 춥지도 않았어요.

"수현아, 괜찮아?"

부모님께서는 침대 머리맡에 *기대어 걱정스러운 얼굴로 나를 바라보고 계셨어요. 밤새 잠을 하나도 못 주무신 것 같았지요.

"엄마, 아빠. 저 이제 다 나았어요."

나는 울컥 눈물이 나오려고 하는 것을 참으며 엄마, 아빠에게 안겼어요. 고마움을 듬뿍 담은 미소를 지으며 말이에요. 엄마, 아빠의 품이 햇살보다 따뜻했어요.

*해열제 병으로 생긴 몸의 열을 내리게 하는 약.

*기대어 (바로 서 있는 사물에 몸을) 의지하거나 비스듬히 대어.

밑줄 친 부분을 쓱쓱 따라 써 봐요

읽고 쓴 날 월 일

한 줄 일기를 쓰고 쑥쑥 마음을 키워요

08 혼자일 때 친구가 손을 내밀었어요

예지는 체육 시간에 피구 경기를 한다는 것을 알고 걱정이 되었어요.

'아무도 나랑 같은 편을 하고 싶지 않으면 어쩌지?'

사실 예지는 *전학을 와서 친하게 지내는 친구들이 없었거든요.

체육 시간이 되어, 선생님께서 팀을 두 개로 나누라고 하셨어요. 대표 두 명이 가위바위보를 해서 한 명씩 데려갔어요. 친구들의 이름이 불릴 때마다 예지의 가슴은 두근거렸어요. 그때였어요.

"예지야. 우리랑 같은 편 하자!"

하림이가 환하게 웃으며 손을 내밀었어요.

"그래, 좋아!"

예지는 하림이와 같은 팀이 되었어요.

"우리 꼭 이기자! 다 죽었어! 하하."

예지와 하림이는 찰떡처럼 붙어서 *호흡을 맞추며 공을 이리저리 던졌어요. 두 친구가 힘을 합쳐서 공격하자 아무도 공을 피하지 못했어요.

예지는 먼저 손을 내밀어 준 하림이가 정말 고마웠어요. 그리고 이제 혼자일까 봐 걱정하는 일도 사라지게 되었지요. 지금은 항상 곁에 하림이가 있으니까요.

*전학 학생이 다른 학교로 옮기는 것.

*호흡 함께 일을 하는 사람들과 서로 잘 어울리는 관계.

밑줄 친 부분을 쑥쑥 따라 써 봐요

읽고 쓴 날 월 일

한 줄 일기를 쓰고 쑥쑥 마음을 키워요

09 울적할 때 반려동물에게 위로를 받았어요

서연이는 방학을 맞아 외삼촌 댁에 갔어요. 그런데 가는 길에 차멀미를 심하게 하고 말았어요. 도착해서 신나게 물놀이를 할 예정이었는데, 엄마가 허락하지 않았어요.

"서연이는 언니 방에 들어가서 좀 누워 있어."

사촌들이 물놀이하는 소리를 들으며 서연이는 사촌 언니의 침대에 쓸쓸하게 누워 있었어요.

"야옹."

그때, 고양이 소리가 들렸어요. 외삼촌 댁의 *반려동물 후추였지요. 서연이는 후추의 소리에도 가만히 있었어요. 몸에 힘이 없고 기분도 좋지 않았거든요. 그런데 후추가 침대 위로 훌쩍 올라오더니, 서연이의 손등에 조그만 발을 살짝 *얹었어요. 그리고 꾹꾹 눌러대기 시작했지요. 마치 '괜찮아, 조금 이따 놀면 돼.'라고 속삭이는 것 같았어요.

후추의 온기 때문일까요? 서연이는 울적했던 마음이 조금씩 풀리는 것을 느꼈어요. 그 조그만 네 발이 정말 고마웠답니다.

*반려동물 집에서 가까이 두고 기르며 짝이 될 정도로 친밀하게 여기는 동물.

*얹었어요 위에 올려놓았어요.

밑줄 친 부분을 쓱쓱 따라 써 봐요

읽고 쓴 날 월 일

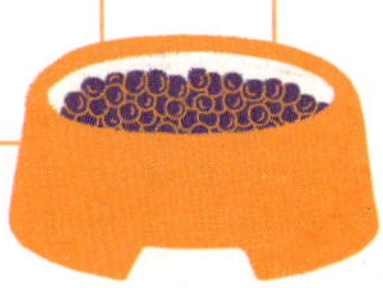

한 줄 일기를 쓰고 쑥쑥 마음을 키워요

10 우산이 없을 때 친구의 도움을 받았어요

갑자기 비가 쏟아졌어요. 여리는 비가 올 줄 모르고 우산을 챙겨 오지 않았어요. 학교에 있는 안심 우산 통도 텅 비어 있었어요. 여리는 하는 수 없이 책가방으로 머리만 가리고 빗속으로 뛰어들었어요.

"여리야! 나랑 우산 같이 쓸래?"

여리가 고개를 돌리자 같은 반의 이윤이가 우산을 쓴 채로 서 있었어요. 그런데 이윤이의 우산은 둘이 쓰기에는 너무 작아 보였어요. 둘이 같이 쓰면 몸이 다 젖을 게 뻔했지요.

"나랑 쓰면 너도 비를 다 맞을 텐데?"

대답 대신 이윤이는 우산을 여리에게 기울여 주었어요. 둘은 작은 우산을 함께 쓰고 어깨를 *맞대며 걸었어요. 옷은 금세 다 젖어 버렸지요. 그러자 이윤이가 깔깔 웃었어요.

"우리 우산을 쓴 거야, 안 쓴 거야?"

그 말에 여리도 웃음을 터뜨렸어요.

여리는 자신을 *배려하는 이윤이가 고맙고, 이윤이와 함께하는 즐거움으로 행복했어요. 빗속이었지만 마음만큼은 정말 뽀송하고 포근했답니다.

*맞대며 서로 가깝게 마주 대하며.

*배려하는 도와주거나 보살펴 주려고 마음을 쓰는.

밑줄 친 부분을 **쓱쓱** 따라 써 봐요

읽고 쓴 날 월 일

한 줄 일기를 쓰고 **쑥쑥** 마음을 키워요

쑥쑥쑥쑥

낱말 놀이

꼬불꼬불 길을 따라 문장을 만들어 봐!

다음 문장의 빈칸에 들어갈 낱말을 찾아 길을 따라가 보세요.

3장

뿌듯하고 자랑스러워요

11 세웠던 목표를 이뤘어요

나는 집에서 좀 떨어진 피아노 학원에 다녀요. 평소에는 엄마와 함께 가는데, 오늘은 엄마가 다른 약속이 생기셔서 같이 가지 못하게 되었어요.

"엄마! 저 오늘은 혼자 전철 타고 가 볼래요."

"혼자 갈 수 있겠어?"

엄마가 걱정스러운 얼굴로 말씀하셨어요.

"그럼요! 오늘의 제 목표는 '혼자서 전철 타고 학원 가기'예요!"

나는 큰소리를 치고 나왔지만, 사실 무서운 생각도 들었어요.

'길을 잃거나, 나쁜 사람을 만나면 어쩌지?'

전철역에 도착해서 교통카드를 '삑' 하고 찍었어요. 혼자서는 처음 해 보는 일이라 가슴이 콩닥콩닥 뛰었어요. 그런데 한편으로는 내가 텔레비전에 나오는 씩씩한 어른이 된 것 같았어요. 전철 안에서 보는 바깥 *풍경도 더 새롭게 느껴졌어요.

'하나, 둘…… 다음이 내가 내릴 역이다!'

나는 내 자신에게 *뿌듯한 마음이 들었어요. 혼자 할 수 있는 일이 하나 더 늘었어요. 내가 한 뼘 더 자란 것 같았지요.

*풍경 산이나 들, 강, 바다 등의 자연이나 지역의 모습.

*뿌듯한 기쁨이나 감격이 마음에 가득 차서 벅찬.

밑줄 친 부분을 쓱쓱 따라 써 봐요

읽고 쓴 날 월 일

한 줄 일기를 쓰고 쑥쑥 마음을 키워요

12 어려운 일을 포기하지 않았어요

수영 교실에 다니기 시작한 기준이는 물에 들어가는 게 무서웠어요. 마치 커다란 괴물이 입을 벌린 채 기다리고 있는 것 같았어요.

"기준아, 우리 좀 봐!"

친구들은 물 위에 두둥실 떠서 웃고 있었지만, 기준이는 발끝조차 물에 넣기 무서웠어요.

"기준아, 우리 이번 주엔 물 위에 꼭 떠 보자."

선생님의 말씀에 기준이는 조심스레 고개를 끄덕였어요. 그날부터 기준이는 집에서 욕조에 몸을 담그는 *연습을 했어요. 물에 있는 시간이 길어질수록 무서운 마음도 조금씩 사라졌어요.

드디어 도전의 날이 되었어요.

"숨 크게 들이마시고, 가만히 몸을 맡겨 보자."

기준이는 깊게 숨을 들이쉬고 물에 몸을 맡겼어요.

두둥실, 몸이 떠올랐어요.

"우아! 기준이 성공이다!"

친구들과 선생님이 크게 박수를 쳐 주었어요.

기준이는 이제 물이 무섭지 않았어요. 물은 괴물이 아니라, 자신을 *자랑스럽게 바라봐 주는 친구처럼 느껴졌어요.

***연습** 학문이나 기술, 예술 등을 익숙하도록 되풀이하여 익힘.

***자랑스럽게** 남에게 드러내어 뽐낼 만한 데가 있게.

밑줄 친 부분을 쓱쓱 따라 써 봐요

읽고 쓴 날 월 일

한 줄 일기를 쓰고 쑥쑥 마음을 키워요

13 상을 탔어요

한 학기가 끝나는 날, 교탁 앞에 선 선생님께서 말씀하셨어요.

"여러분, 오늘은 특별한 시상식을 할 거예요. 한 학기 동안 여러분이 보여준 멋진 모습에 대한 상을 준비했어요. 이름이 불리면 앞으로 나와서 상장과 초콜릿을 받아 가세요."

순간 교실이 *술렁였어요.

"먼저…… 송이안! '*파묻힌 보물 상'이에요. 알아 갈수록 진가가 드러나는 파묻힌 보물 같은 친구거든."

아이들은 웃으며 고개를 끄덕였어요.

"다음은 김윤빈! '따스한 햇살 상'이에요. 늘 따뜻한 웃음으로 우리 반을 환하게 해 주는 친구예요."

윤빈이가 환하게 웃으며 상장을 받았어요.

드디어 내 차례가 되었어요.

"마지막 임태리! '팡팡 터지는 폭죽 상'이에요. 재밌는 생각이 폭죽처럼 터져 나오는 친구지요."

상을 받은 내 마음속에서도 폭죽이 팡팡 터지고 있었어요. 자랑스러운 나 자신에게 보내는 특별한 폭죽이었지요.

*__술렁였어요__ 어수선하게 소란이 일었어요.

*__파묻힌__ 남이 모르게 숨겨져 감추어진.

밑줄 친 부분을 쓱쓱 따라 써 봐요

읽고 쓴 날 월 일

한 줄 일기를 쓰고 쑥쑥 마음을 키워요

14 칭찬을 받았어요

하준이와 윤찬이는 작은 일로 다툰 뒤 며칠째 서로 말을 하지 않고 있었어요. 그러던 중 윤찬이는 정글짐에 혼자 앉아 있는 하준이를 보게 되었어요. 윤찬이는 잠시 고민하다가 큰 소리로 하준이를 불렀어요.

"하준아!"

그 소리에 깜짝 놀란 하준이는 정글짐 아래로 미끄러져 물이 고여 있던 작은 웅덩이에 '풍덩' 빠져 버렸어요.

"하준아! 괜찮아?"

놀라서 달려간 윤찬이도 그만 물에 미끄러져 '꽈당' 넘어지고 말았어요. 흙탕물이 사방으로 튀어, 옷이며 얼굴이 다 얼룩덜룩해졌어요.

둘은 잠깐 서로를 바라보다가 동시에 웃음을 터뜨렸어요.

"야, 우리 완전 모험가 같다."

"그러게, *탐험을 다녀온 것 같아."

온몸이 흙투성이고, 신발도 축축했지만 이상하게 속상하지 않았어요.

"윤찬아, 나에게 먼저 말을 걸어 줘서 고마워. 너는 정말 좋은 친구야."

하준이의 말을 들은 윤찬이의 마음에는 뿌듯함과 따뜻한 마음이 피어났어요. 친구에게 칭찬을 들으니 마치 마음의 *훈장을 받은 것만 같았어요.

*탐험 위험을 무릅쓰고 어떤 곳을 찾아가서 살펴보고 조사함.

*훈장 나라에 공이 있는 사람에게 정부에서 주는, 가슴에 다는 표시.

밑줄 친 부분을 쓱쓱 따라 써 봐요

읽고 쓴 날 월 일

한 줄 일기를 쓰고 쑥쑥 마음을 키워요

15 다른 사람을 도와주었어요

토요일 오후, 마트의 입구를 지나는데 누군가 훌쩍이는 소리가 들렸어요. 고개를 돌리니 조그만 여자아이가 혼자 서서 울고 있었어요.

"왜 울고 있어?"

"나, 엄마랑 같이 왔는데, 엄마가 없어."

여자아이가 눈물을 글썽이며 말했어요.

"걱정하지 마. 언니가 도와줄게."

나는 아이의 손을 꼭 잡고 마트 안내원 아저씨께 가서 상황을 설명했어요. 안내원 아저씨는 아이의 가족에게 알리는 방송을 하셨지요.

잠시 뒤에 한 아주머니가 숨을 *헐떡이며 달려오셨어요.

"어머, 우리 민지!"

아주머니는 아이를 품에 안으셨어요. 안내원 아저씨는 내가 아이를 데려왔다고 설명하셨고, 아주머니는 고맙다며 연신 고개를 숙이셨어요.

"언니는 나의 *영웅이야. 고마워."

아이가 엄지손가락을 치켜들며 말했어요.

마트를 나오는데, 왠지 발걸음이 가볍고 하늘을 걷는 것 같았어요. 그리고 힘이 불끈 솟는 느낌도 들었지요. 정말 내가 작은 영웅이 된 것처럼요.

* **헐떡이며** 숨을 가쁘고 거칠게 쉬는 소리를 내며.
* **영웅** 지혜와 재능이 뛰어나고 용맹하여 보통 사람이 하기 어려운 일을 해내는 사람.

밑줄 친 부분을 쓱쓱 따라 써 봐요

읽고 쓴 날 월 일

한 줄 일기를 쓰고 쑥쑥 마음을 키워요

쑥쑥쑥쑥

낱말 놀이

질문을 읽고 낱말을 짐작해 봐!

다음 빈칸에 들어갈 알맞은 낱말을 보기 에서 찾아 써 보세요.

보기 탐험 영웅 풍경 술렁이다 자랑스럽다

위험을 무릅쓰고 어떤 곳을 찾아가서 살펴보고 조사하는 것을 무엇이라고 할까요?

남에게 드러내어 뽐낼 만한 데가 있다는 것을 무엇이라고 할까요?

어수선하게 소란이 이는 것을 무엇이라고 할까요?

산이나 들, 강, 바다 등의 자연이나 지역의 모습을 무엇이라고 할까요?

지혜와 재능이 뛰어나고 용맹하여 보통 사람이 하기 어려운 일을 해내는 사람을 무엇이라고 할까요?

4장

슬프고 우울해요

쓱쓱 쑥쑥

16 돌보던 동물과 헤어졌어요

규민이는 학교에서 병아리를 부화시키는 실험에 참여했어요.

"병아리가 부화하는 것을 직접 본다니, 너무 기대돼!"

규민이는 *배정받은 달걀에 '노랑'이라는 이름을 지어 주었어요. 그리고 노랑이가 건강하게 부화하길 바랐지요.

며칠 뒤, 드디어 노랑이가 껍데기를 깨고 나왔어요.

"선생님! 노랑이가 태어났어요. 너무 기뻐요!"

"그래. 규민이가 잘 돌봐줘서 건강하게 부화했네!"

그런데 노랑이가 부화한 지 며칠이 지난 후였어요. 아침에 보러 가니 부화기 안의 노랑이가 누워서 꼼짝도 하지 않았어요. 규민이는 마음이 너무 아파서 눈물이 뚝뚝 흘렀어요.

"선생님, 노랑이가 움직이질 않아요. 죽었나 봐요. 제가 잘 돌보지 못해서일까요?"

"누구의 잘못도 아니란다. 노랑이가 몸이 약했던 거야. *이별은 누구에게나 슬픈 일이지. 마음을 준 만큼 슬픈 게 당연하니까 마음껏 울어도 돼."

규민이는 선생님 품에 안겨 하염없이 울었어요.

*배정 몫을 나누어 정함.

*이별 서로 갈리어 떨어짐.

밑줄 친 부분을 쓱쓱 따라 써 봐요 읽고 쓴 날 월 일

한 줄 일기를 쓰고 쑥쑥 마음을 키워요

17 아껴서 모았던 것이 사라졌어요

저녁을 먹고 와 보니 동생이 내 휴대 전화를 만지고 있었어요. 나는 문득 불안한 마음이 들었어요.

"설마…… 재용이 너, 게임하는 건 아니지?"

동생이 놀란 표정으로 쭈뼛쭈뼛 다가왔어요.

"아, 형, 내가 게임을 하긴 했는데?"

순간, 나는 가슴이 철렁 내려앉았어요. 황급히 휴대 전화를 *낚아채 게임 화면을 이리저리 넘겨 봤어요. 예상대로 내가 모아 놓았던 보석은 한 개도 남아 있지 않았어요.

"내 보석, 100개나 있었는데……. 일 년 동안 쓰지도 않고 힘들게 모은 건데."

나도 모르게 눈이 뜨겁게 달아오르더니 눈물이 쏟아졌어요.

"형, 미안해. 난 보석을 쓰고 있는지 몰랐어."

동생이 눈물을 글썽이며 말했어요.

"재용아, 많이 속상하지? 근데 동생이 모르고 그랬대."

엄마, 아빠가 위로해 주셨지만, 마음이 너무 *우울했어요. 열심히 모았던 내 재산이 사라진 것만 같아서 너무 슬펐지요. 그저 보석을 다시 되돌리고 싶을 뿐이었어요.

*낚아채 남의 물건을 재빨리 빼앗거나 가로채.

*우울했어요 근심스럽고 답답하여 활기가 없었어요.

밑줄 친 부분을 쓱쓱 따라 써 봐요

읽고 쓴 날 월 일

한 줄 일기를 쓰고 쑥쑥 마음을 키워요

18 열심히 했는데 결과가 좋지 않았어요

수정이는 작년에 이어 올해에도 피아노 콩쿠르 대회에 나갔어요. 작년 대회에서 실수를 했던 게 아쉬워서 이번엔 더 잘해 보고 싶었지요.

"수정아, 그동안 실력이 많이 늘었으니 마음을 편하게 가지렴."

선생님 말씀에 수정이는 자신 있게 대답했어요.

"네, 선생님. 작년처럼 실수하지 않을게요!"

드디어 대회 당일이 되었어요. 수정이는 잘 해내고 싶은 마음이 너무 컸어요. 실수를 할까 봐 무섭기도 했고요. 그래서일까요? 왠지 손이 심하게 떨렸어요.

"김수정 양, 나오세요."

수정이의 차례가 되었는데 떨리는 손은 멈추질 않았어요. 결국 연주를 하던 중에 실수를 하고 말았어요. 수정이는 아쉬운 마음에 눈물이 났어요..

"선생님, 정말 열심히 했는데도 안 되었어요. 이럴 수가 있나요?"

선생님은 울먹이는 수정이의 머리를 가만히 쓰다듬어 주셨어요.

"수정아, 많이 *속상하지? 네가 정말 좋은 결과를 내고 싶었기 때문에 *부담이 컸었나 보구나. 그런데 때로는 내 뜻대로 되지 않을 때도 있단다."

***속상하지** 화가 나거나 걱정이 되어서 마음이 불편하고 우울하지.

***부담** 어떤 일이나 상황을 감당하는 것이 버겁게 느껴짐. 또는 그런 일.

밑줄 친 부분을 쓱쓱 따라 써 봐요

읽고 쓴 날 월 일

한 줄 일기를 쓰고 쑥쑥 마음을 키워요

19 친구들과 헤어지게 되었어요

나는 먼 곳으로 이사를 가게 되었어요. 오늘은 전학을 가기 전에 반 친구들과 마지막 인사를 나누는 날이에요.

"진주야, 잘 가."

"이건 우리가 준비한 선물이야."

친구들이 건넨 선물 상자에는 함께 찍었던 여러 장의 사진과 손 편지가 있었어요. 나는 *울컥한 마음에 눈물이 나올 것 같아 눈에 힘을 줬어요. 갯벌로 체험학습을 갔을 때 찍은 사진을 보았을 땐 참았던 눈물이 주르륵 흐르고 말았지요.

"이때 진짜 너무 웃겼는데."

윤정이가 울음을 참는 얼굴로 사진을 콕 짚으며 말했어요.

"우리 완전 진흙 인간인 줄!"

친구들은 깔깔 웃었어요. 모두 웃고 있지만 표정은 울상이었지요. 그때 윤주가 말했어요.

"진주야, 이사 가서 우리가 보고 싶을 때 이 사진을 봐. 우리도 그렇게 할게!"

진주는 슬픈 마음을 간신히 달래며 고개를 끄덕였어요. 마지막 대화를 나누는 친구들의 눈에는 눈물방울이 *아롱아롱 맺혀 있었지요.

***울컥한** 격한 감정이 갑자기 일어난.

***아롱아롱** 작은 점이나 줄 등이 고르고 촘촘하게 무늬를 이룬 모양.

밑줄 친 부분을 쓱쓱 따라 써 봐요

읽고 쓴 날 월 일

한 줄 일기를 쓰고 쑥쑥 마음을 키워요

20 가족과 잠시 떨어져 살게 되었어요

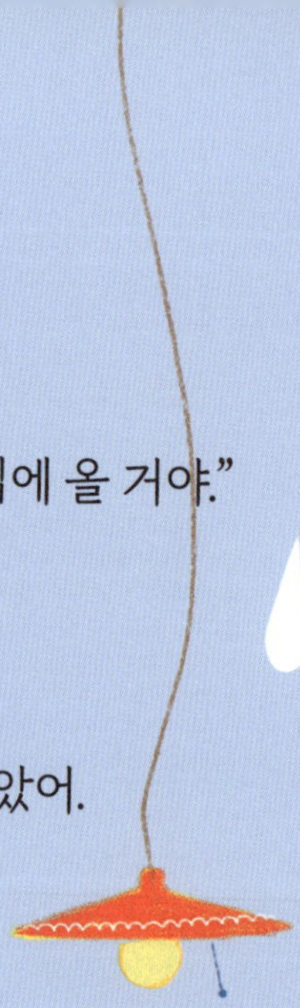

"수민아, 이제부터 아빠는 다른 지역에서 살아야 해. 주말에는 집에 올 거야."

수민이는 아빠의 말을 듣고 깜짝 놀랐어요.

"네?"

"아빠가 회사에서 일 년간 다른 지역으로 가야 하는 *발령을 받았어. 그런데 엄마는 여기서 회사를 다녀야 하고, 너도 학교에 다녀야 하니까 같이 갈 수가 없어."

수민이는 한 번도 가족들과 떨어져 지내본 적이 없어요. 아빠와 떨어져 지내야 한다니 너무 슬펐지요.

"아빠, 보고 싶으면 어떻게 해요?"

"영상 통화 하면 되지. 또 주말에는 아빠가 오잖아."

아빠의 말에도 수민이의 슬픔은 줄어들지 않았어요.

"싫어, 싫어. 가족들은 같이 살아야지!"

수민이가 울면서 떼를 썼어요. 속으로는 이렇게 해 봐야 *소용없다는 것을 알고 있었지만, 너무 슬퍼서 멈춰지지 않았지요.

"우리 수민이가 많이 슬프구나. 아빠도 그래."

아빠는 수민이를 꼭 안아주었어요. 수민이는 아빠도 슬프겠다고 생각하며 울음을 그치려고 애를 썼어요.

*발령 명령을 내림. 또는 그 명령.

*소용없다는 아무런 쓸모나 득이 될 것이 없다는.

밑줄 친 부분을 쓱쓱 따라 써 봐요

읽고 쓴 날 월 일

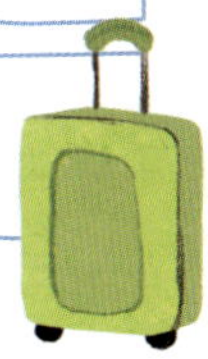

한 줄 일기를 쓰고 쑥쑥 마음을 키워요

쓱쓱싹싹

낱말 놀이

선으로 연결하여 문장을 만들어 봐!

다음 내용을 읽고, 어울리는 말을 선으로 연결하여 문장을 완성해 보세요.

나는 친한 친구와 다른 반으로	동생은 멀리서 날아오는 공을 재빠르게	어제는 우산을 써도
소용없을	낚아채어	배정되어서
조금 우울했어요.	잡았어요.	정도로 비가 내렸어요.

5장

불쾌하고 화가 나요

21 친구가 나를 함부로 대했어요

쉬는 시간이었어요. 화장실에 가려고 일어서는 데 짝꿍 지혁이가 내 어깨를 세게 치고 지나갔어요.

"아야!"

나는 아프고 놀라서 지혁이를 쳐다봤어요. 그런데 지혁이가 사과도 하지 않고 웃고 있었어요.

"지혁아, 조심해야지!"

"야, 왜 그 정도로 화를 내고 그래? 장난친 거야."

지혁이의 태도를 보고 난 더 화가 났어요. *실수가 아니라 일부러 나를 아프게 하려고 장난을 쳤다는 것이 *불쾌했어요.

그때, 이 모습을 지켜보던 영지가 다가와서 지혁이의 등을 세게 쳤어요.

"아! 아파. 무슨 짓이야?"

지혁이는 화가 나서 발을 구르면서 소리를 질렀어요. 그 모습을 본 영지가 웃으면서 말했어요.

"에이, 나도 그냥 장난친 건데. 기분 나쁘니? 네가 수지에게 하는 걸 보고 따라 한 거야."

"뭐?"

지혁이는 황당하다는 듯이 따졌지만 이미 얼굴은 홍당무보다 더 새빨개져 있었어요.

*실수 조심하지 아니하여 잘못함. 또는 그런 행위.

*불쾌했어요 못마땅하여 기분이 좋지 않았어요.

밑줄 친 부분을 쓱쓱 따라 써 봐요

읽고 쓴 날 월 일

한 줄 일기를 쓰고 쑥쑥 마음을 키워요

22 내가 한 일이 아닌데 오해를 받았어요

애리는 동생 태리와 부모님의 저녁 준비를 돕고 있었어요. 그런데 그만, 태리의 손에 있던 물병이 미끄러지고 말았어요. 물이 바닥으로 쏟아져 의자까지 젖었어요.

"아이쿠, 다 젖었네."

아빠가 달려오셔서 수건으로 바닥과 의자를 닦으며 말씀하셨어요.

"애리, 네가 그랬지!"

애리는 누가 한 일인지 확인도 하지 않고 혼내는 아빠에게 화가 났어요. *억울한 마음에 얼굴이 뜨겁게 달아올랐어요.

"저, 아니에요! 태리가 그랬단 말이에요!"

아빠가 태리를 바라봤어요.

"태리야, 이거 네가 그랬니?"

태리는 눈물이 그렁그렁한 얼굴로 언니와 아빠를 번갈아 보았어요. 그러다가 작은 목소리로 말했어요.

"아빠, 제가 그랬어요."

아빠의 눈이 동그랗게 커졌어요.

"애리야, *오해해서 미안하다. 정말 미안해."

그날 애리는 오해를 받으면 얼마나 화가 나고 마음이 답답한지 알게 되었어요.

*억울한 아무 잘못 없이 꾸중을 듣거나 벌을 받거나 하여 분하고 답답한.

*오해 그릇되게 해석하거나 뜻을 잘못 앎. 또는 그런 해석이나 이해.

밑줄 친 부분을 쓱쓱 따라 써 봐요

읽고 쓴 날 월 일

한 줄 일기를 쓰고 쑥쑥 마음을 키워요

쓱쓱 쑥쑥

23 친구가 나를 놀렸어요

어느 날, 짝꿍 민주가 공책에 개구리 그림을 그리면서 중얼중얼 혼잣말을 했어요.

"개굴, 개굴, 개구리!"

동아는 그 말이 눈이 큰 자신을 놀리는 말인 것 같았지만, 반응해 주고 싶지 않았어요. 그래서 고개도 돌리지 않았어요. 그러자 민주가 다른 친구들을 향해 말했어요.

"이거 내가 개구리 그린 건데, 누구랑 똑같지?"

아이들은 그 그림을 보고 키득거리며 웃었어요. 동아는 기분이 너무 나빴어요. 민주와 친구들은 동아와 그림을 번갈아 보면서 계속 웃었어요. 순간, 동아는 화가 나서 *견딜 수 없었어요. 몸속에서 부글부글 화가 끓어오르는 것 같았어요.

"나는 개구리가 아니야!"

동아는 냅다 소리를 질렀어요. 민주와 친구들은 깜짝 놀라서 동아를 쳐다봤어요. 그러더니 민주는 고개를 푹 *숙인 채 말했어요.

"동아야, 미안해. 사실 너한테 말 걸고 싶어서 그랬어."

"나는 너하고 절대로 말하고 싶지 않아졌어!"

동아의 말에 민주는 얼굴이 새빨개졌어요.

*견딜 힘들거나 어려운 것을 참고 버틸.

*숙인 앞으로나 한쪽으로 기울인.

밑줄 친 부분을 쓱쓱 따라 써 봐요

읽고 쓴 날 월 일

한 줄 일기를 쓰고 쑥쑥 마음을 키워요

24 열심히 했는데 칭찬을 받지 못했어요

주말 아침, 부모님께서 집을 나서며 말씀하셨어요.

“새미야, 장을 보고 올 테니 동생 좀 돌봐주렴.”

“네!”

나는 동생이 심심하지 않게 블록 놀이도 해 주고, 재미있는 동화책도 읽어 주었지요.

“누나, 또 읽어 줘!”

“좋아! 이번에는 토끼가 *주인공인 이야기야.”

두 시간 내내 동생은 한 번도 울지 않았어요. 잠깐 엄마를 찾기는 했지만, 얼른 내가 장난을 쳐서 시선을 돌렸지요.

‘이 정도면 부모님께서 칭찬을 많이 해 주실 거야.’

그때, 부모님께서 집에 들어오셨어요. 그런데 엄마의 얼굴을 본 동생이 갑자기 울음을 터뜨렸어요.

“앙앙!”

나는 놀라서 입을 벌린 채 가만히 서 있었어요. 엄마, 아빠는 장바구니를 내려놓으며 한숨을 쉬셨어요.

“새미야, 동생 좀 잘 봐 달라고 했잖니.”

나는 너무 화가 나서 마음속 화산이 *폭발할 것 같았어요. 칭찬을 받을 줄 알았는데, 오히려 혼이 난 거예요. 마치 상을 받으러 갔다가 벌을 받은 기분이었어요.

*주인공 연극, 영화, 소설 등에서 사건의 중심이 되는 인물.

*폭발할 속에 쌓여 있던 감정 등이 일시에 세찬 기세로 나올.

밑줄 친 부분을 쓱쓱 따라 써 봐요 읽고 쓴 날 월 일

한 줄 일기를 쓰고 쑥쑥 마음을 키워요

25 친구가 질서를 지키지 않았어요

체육 시간이 끝났어요. 더운 여름 날씨에 다들 목이 마르고 힘이 빠졌어요.

"아, 목말라."

"나도."

윤찬이와 이안이는 비틀거리며 식수대로 갔어요. 식수대에는 이미 줄이 길게 이어져 있었지요. 두 친구는 부채질하듯 손을 펄럭이며 차례를 기다렸어요. 그때였어요. 멀리서 준건이가 달려오더니 윤찬이의 앞에 쏙 끼어들었어요.

"김준건, 줄 서!"

"윤찬아, 나 좀 *눈감아 줘! 내가 너무 목이 말라서 줄을 설 힘이 없거든?"

윤찬이는 줄을 서지 않는 준건이의 행동에 화가 났어요. 자기만 생각하는 *이기적인 모습에 어이가 없었지요.

"준건아, 당장 뒤로 가! 우리도 너무 목이 말라서 너의 새치기를 눈감아 줄 힘이 없어."

"뭐?"

준건이가 얼굴을 찡그리자, 뒤에 있던 이안이도 화가 난 얼굴로 뒤로 가라는 손짓을 했어요. 어쩔 수 없이 준건이는 터덜터덜 걸어가 줄을 다시 섰어요.

* **눈감아** 남의 잘못을 알고도 모르는 체해.

* **이기적인** 자기 자신의 이익만을 꾀하는.

밑줄 친 부분을 쓱쓱 따라 써 봐요

읽고 쓴 날 월 일

한 줄 일기를 쓰고 쑥쑥 마음을 키워요

쓱쓱싹싹

낱말 놀이

사다리를 타며 낱말을 찾아봐!

다음은 어떤 낱말의 뜻인지 사다리를 타고 내려가 확인해 보세요.

6장

부럽고 심술나요

26 동생이 나보다 더 관심을 받았어요

오늘은 삼촌의 결혼식이 열리는 날이에요. 우리 가족은 오랜만에 여러 친척과 인사를 나눴어요.

"어머, 은기는 여전히 예쁘구나!"

그런데 다들 내 동생 은기에게만 예쁘다고 칭찬을 했어요. 분홍색 원피스를 예쁘게 입은 내 동생은 내가 보기에도 공주 같아 보였어요. 그렇지만 모두 은기만 예쁘다고 하니 나는 슬슬 약이 올랐어요. *부럽고 *심술이 나서 참을 수가 없었지요. 마음이 뾰족해지는 느낌이었어요.

"자, 친척들 사진 찍을 차례입니다. 모이세요!"

단체로 줄을 서서 사진을 찍을 때가 되었어요. 나는 사람들이 눈치채지 못하게 슬쩍 은기의 앞에 섰어요. 은기를 가려버리려고요.

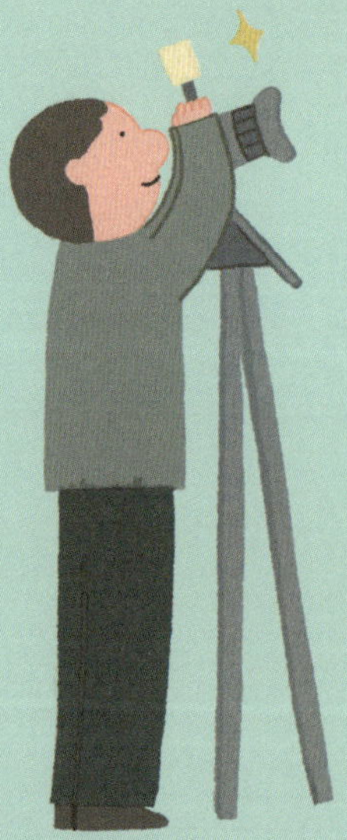

"언니, 난 안 나올 것 같아."

은기의 말에도 나는 비켜주지 않았어요. 사진을 찍고 내려왔는데 마음이 너무 불편했어요. 순간, 내가 무슨 일을 한 것인가 싶었어요.

"은기야, 언니가 미안해."

나는 진심으로, 정말 진심으로 동생에게 미안한 마음이 들었어요. 내 못난 행동이 너무 부끄러웠어요.

*__부럽고__ (남이 가진 것이) 좋아 보여서 샘이 나고 가지고 싶고.

*__심술__ 남을 괜히 미워하고 괴롭히려고 하는 짓궂은 마음씨.

밑줄 친 부분을 쓱쓱 따라 써 봐요

읽고 쓴 날 월 일

한 줄 일기를 쓰고 쑥쑥 마음을 키워요

27 언니만 상을 받게 되었어요

저녁을 먹던 중 아빠가 환하게 웃으며 말씀하셨어요.

"지민이가 미술 대회에서 상을 받아서, 프랑스 미술관 *견학 기회를 얻게 되었단다."

나는 순간 놀라서 숟가락을 꽉 쥐었어요.

'프랑스라니! 내가 얼마나 가고 싶었던 곳인데…… 왜 언니만?'

언니의 얼굴은 햇살처럼 환하게 빛났지만, 내 마음속에는 시커먼 먹구름이 몰려왔어요. 괜히 밥맛도 없어졌어요. 언니가 웃는 모습조차 *못마땅했어요.

'나도 그림을 잘 그렸다면, 나도 상을 받았더라면……'

자꾸만 이런 생각이 들며 질투가 났어요.

그때 엄마가 내 표정을 보고 살며시 손을 잡아 주셨어요.

"효민아, 너도 글쓰기 대회 준비하잖아. 열심히 하면 언젠가 너만의 특별한 기회가 꼭 찾아올 거야."

엄마의 따뜻한 말에 그제야 먹구름이 조금씩 흩어졌어요. 그래도 마음 한구석에서는 여전히 언니가 부러웠어요. 나도 노력해서 언젠가 저런 기회를 잡아야겠다는 생각이 들었답니다.

*견학 직접 가서 보고 그 일에 관한 구체적인 지식을 넓힘.

*못마땅했어요 마음에 들지 않아 좋지 않았어요.

밑줄 친 부분을 쓱쓱 따라 써 봐요

읽고 쓴 날 월 일

한 줄 일기를 쓰고 쑥쑥 마음을 키워요

28 친구가 갖고 있는 물건이 부러워요

"우아, 너 이거 어디서 났어?"

나는 윤호의 손에 있는 괴물 카드를 보고 눈이 동그래졌어요. 내가 정말 갖고 싶었던 카드였거든요. 홀로그램이 반짝이는 아주 구하기 어려운 카드예요.

"멋지지? 우리 아빠가 힘들게 구해 주신 거야."

윤호가 자랑스럽게 말했어요.

"정말 멋지다. 축하해."

나는 *억지로 웃으며 대답했지만, 마음속은 금세 무거워졌어요. 자꾸만 스스로 작아지는 느낌이 들었어요. 내가 가진 카드들은 다 *평범하고, 하나도 특별하지 않은 것처럼 느껴졌어요. 윤호가 반짝이는 카드를 이리저리 비출 때마다 그 빛이 괜히 내 마음을 콕콕 찌르는 것만 같았지요.

'왜 나는 저런 걸 하나도 못 가졌을까? 우리 엄마, 아빠는 왜 저런 걸 안 구해 주시는 거야.'

집에 오는 길에도 내 머릿속에서는 그 카드 생각이 떠나지 않았어요. 부러운 마음이 사라지지 않아, 괜히 발끝으로 돌멩이를 툭툭 차며 걸었답니다.

***억지로** 잘 안될 일을 무리하게 기어이 해내려는 고집으로.

***평범하고** 뛰어나거나 색다른 점이 없이 보통이고.

밑줄 친 부분을 쓱쓱 따라 써 봐요

읽고 쓴 날 월 일

한 줄 일기를 쓰고 쑥쑥 마음을 키워요

29 친구가 나보다 다른 친구랑 더 친하게 지내요

서진이랑 윤정이가 둘이서 마라탕을 먹으러 갔다는 이야기를 들었어요. 나는 하늘이 무너지는 것 같았어요.

"뭐? 마라탕? 정말이야? 서진아, 너 어떻게 나는 빼놓고 윤정이랑만 그럴 수가 있어?"

"수정아, 미안해. 너는 매운 음식을 잘 못 먹잖아. 그래서……."

서진이가 미안하다며 웃어 보였지만, 나의 *꼬인 마음은 풀리지 않았어요. 사실 서진이랑 나는 어릴 적부터 단짝 친구거든요. 지난해에도 같은 반이라서 내내 붙어 다녔고요. 그런데 올해 같은 반이 된 서진이와 윤정이가 갑자기 가까워진 거예요.

"서진이, 너 앞으로도 계속 그럴 거야? 나랑 윤정이 중에 누가 더 좋아?"

나는 괜히 고집스러운 마음이 생겨서 서진이에게 꼭 대답을 듣고 싶었어요.

"아……."

서진이가 *난처한 얼굴을 하며 아무 말도 하지 못했어요. 나는 그게 더 기분이 나쁘고 심술이 났어요. 나만의 친구인 줄 알았는데, 그게 아닐 수도 있다는 걸 알게 되었으니까요.

*꼬인 비위에 거슬려 마음이 뒤틀린.

*난처한 이럴 수도 없고 저럴 수도 없어 처신하기 곤란한.

밑줄 친 부분을 쓱쓱 따라 써 봐요　　　　읽고 쓴 날　　월　　일

한 줄 일기를 쓰고 쑥쑥 마음을 키워요

30 내가 못하는 것을 친구는 다 잘해요

인호는 운동을 잘하는 산이가 늘 부러웠어요. 산이는 달리기도 잘하고, 줄넘기도 잘해요. 훌라후프도 척척 잘 돌리고, 야구까지 잘하지요.

반면, 인호는 잘하는 운동이 하나도 없어요. 달리기를 하면 꼴등을 했어요. 줄넘기를 하면 맨날 줄에 걸리고, 훌라후프도 제대로 못 돌렸어요. 게다가 야구를 할 때면 늘 깍두기 신세였어요. *주전 선수로 뛰어본 적은 단 한 번도 없었지요.

"산이가 또 홈런을 쳤어!"

"우아! 산이는 달리기도 엄청나게 잘하던데……."

친구들이 떠드는 소리에 인호는 더 속이 상했어요.

'나는 왜 잘하는 게 하나도 없을까? 나도 산이처럼 뭐든지 잘하고 싶은데……'

햇볕이 쨍쨍 내리쬐는 운동장 한가운데에서, 인호는 혼자만 *그림자 속에 있는 것처럼 마음이 우울했어요. 마치 환한 햇살은 전부 산이에게만 비추는 것 같았지요. 그리고 인호는 그 햇살마저 부러웠어요.

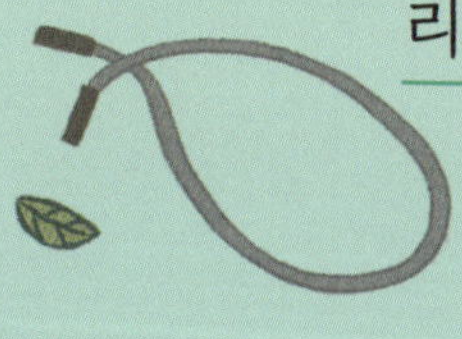

*주전 (운동 경기에서) 한 팀의 주된 선수가 되어 싸우는 사람.

*그림자 물체가 빛을 가려서 그 물체의 뒷면에 드리워지는 검은 그늘.

밑줄 친 부분을 **쓱쓱** 따라 써 봐요

읽고 쓴 날 월 일

한 줄 일기를 쓰고 **쑥쑥** 마음을 키워요

쑥쑥쑥쑥
낱말 놀이

꼬불꼬불 길을 따라 문장을 만들어 봐!

다음 문장의 빈칸에 들어갈 낱말을 찾아 길을 따라가 보세요.

7장

나를 사랑하고 응원해요

31 나는 내가 좋아요

내 별명은 '마당발'이에요. 발이 넓어서 여기저기 아는 사람들이 많다고 친구들이 *붙여 준 별명이지요.

마당발인 나는 하루 종일 바빠요. 학교에 가며 이웃에 사는 친구들을 만나면 꼬박꼬박 인사해야 하고요. 학교에서도 인사해야 할 친구들이 하나둘이 아니에요.

때로는 너무 바빠 정신이 없을 때도 있어요. 어떤 날은 학교에서 언니와 싸워서 속상한 짝꿍의 이야기를 들어주고, 학교가 끝나고 학원에 가서 또 다른 친구들과 이야기를 나눠야 했어요. 그리고 집에 돌아오는 길에는 옆집 할머니와 인사를 나눴지요.

"휴, 하루가 정말 바쁘다 바빠."

하지만 나는 이런 내가 좋아요. 마당발이라 하루 종일 바쁘고 정신이 없지만 말이에요.

어른들에게 씩씩하게 인사말을 *건네는 내가 좋고요, 친구들에게 다정하게 말을 거는 내가 좋아요. 나는 내가 참 좋답니다.

*붙여 이름이 생기게 해.

*건네는 남에게 말을 붙이는.

밑줄 친 부분을 쓱쓱 따라 써 봐요

읽고 쓴 날 월 일

한 줄 일기를 쓰고 쑥쑥 마음을 키워요

32 나는 나를 칭찬해요

비가 주룩주룩 내리는 일요일이었어요. 비가 와서 그런지 지렁이들이 잔뜩 화단 밖으로 기어 나와 있었지요.

"악, 징그러워."

벌레를 무서워하는 나는 지렁이를 보고 *인상을 찡그렸어요. 그냥 지나치려는데 문득 아침에 본 일기예보가 생각이 났어요. 오후에는 비가 그친다고 했거든요. 지렁이가 징그럽지만, 그냥 갈 수는 없었지요.

'비가 그치고 해가 뜨면 지렁이들이 말라 죽을지도 몰라.'

나는 나뭇가지를 주워 젓가락처럼 잡았어요. 그리고 지렁이를 하나하나 화단으로 옮겨주었지요. 누가 시킨 일도 아닌데 말이에요.

"휴, 다 했다."

많은 지렁이를 옮기는 일은 쉽지 않았어요. 징그럽기도 했고요. 하지만 지렁이를 무사히 다 옮기고 나니 마음이 뿌듯했어요.

지렁이들의 *생명을 구했다는 생각에 행복했지요. 누가 알아주지 않아도 괜찮았어요. 좋은 일을 했다는 것을 내가 잘 아니까요.

"잘했어, 진짜 잘했어."

*인상 사람 얼굴의 근육이나 눈살 등.

*생명 동물과 식물의, 생물로서 살아 있게 하는 힘.

밑줄 친 부분을 쓱쓱 따라 써 봐요　　읽고 쓴 날　월　일

한 줄 일기를 쓰고 쑥쑥 마음을 키워요

33 나를 누군가와 비교하지 않아요

"우아! 진짜 멋있다!"

텔레비전을 보던 동생이 감탄했어요. 음악 방송에 아이돌 가수가 멋지게 등장했거든요. 근사하게 꾸민 아이돌 가수는 댄스도 훌륭하게 췄고요. 노래도 완벽하게 불렀지요.

그 모습을 가만히 바라보던 동생은 입을 삐죽였어요.

"하, 좋겠다. 췟!"

"뭐가?"

"아니, 나보다 멋지고 근사하잖아. 언니는 부럽지 않아? 난 괜히 기분이 나빠졌어."

나는 동생의 마음이 이해되기도 하고 귀엽기도 해서 웃으며 말했어요.

"물론 부럽긴 하지. 하지만 기분 나쁘지는 않아."

"왜?"

동생은 눈을 동그랗게 뜨고 물었어요.

"나는 굳이 남과 나를 *비교하면서 마음 *상할 필요는 없다고 생각해. 나는 나이고, 다른 사람은 다른 사람이니까."

나는 남과 나를 비교하며 속상해하지 않아요. 남을 질투하지도 않고요. 나는 나로서 아주 멋지고 충분히 괜찮은 사람이니까요.

*비교 둘 이상의 사물을 견주어 서로 간의 유사점, 차이점 등을 생각하는 일.

*상할 근심, 슬픔, 노여움 등으로 마음이 언짢아질.

밑줄 친 부분을 쓱쓱 따라 써 봐요

읽고 쓴 날 월 일

한 줄 일기를 쓰고 쑥쑥 마음을 키워요

34 나는 나만의 속도가 있어요

나는 쌍둥이예요. 형과 나는 2분 차이로 태어났어요. 우리는 얼굴도 많이 닮았고, 키도 비슷해요.

하지만 우리의 성격은 정말 많이 달라요. 형은 뭐든 빠릿빠릿해요. 하지만 나는 뭐든 느릿느릿하지요.

수학 숙제를 할 때도 형은 빠르게 척척 해 버려요. 하지만 그에 비해 나는 끝내는 데까지 한참 시간이 걸려요. 같은 숙제인데도 말이에요.

가끔은 형처럼 빠르게 하고 싶기도 해요. 그래서 형을 따라서 빠르게 해 본 적도 있어요. 그랬더니 글씨도 엉망이고, 풀이 과정도 다 틀렸어요. 다시 시간을 들여서 했더니 글씨도 예쁘고, 한 문제도 틀리지 않았어요.

그 뒤로 나는 형을 따라 하지 않아요. 각자의 *속도가 다르다는 것을 알게 되었거든요.

'나는 내 속도대로 할 거야.'

거북이처럼 엉금엉금 느리게 가도 괜찮아요. 나는 끝까지 잘 해낼 자신이 있어요. 그래서 나는 나만의 속도에 맞게 느리지만 *제대로 하고 있답니다.

*속도 물체가 나아가거나 일이 진행되는 빠르기.

*제대로 알맞은 정도로.

밑줄 친 부분을 쓱쓱 따라 써 봐요

읽고 쓴 날 월 일

한 줄 일기를 쓰고 쑥쑥 마음을 키워요

쓱쓱 싹싹

35 완벽하지 않아도 괜찮아요

"엄마, 오늘은 내가 점심을 만들게요."

"어머, 정말?"

"네! 맛있는 비빔밥을 해 볼게요."

주은이는 신이 나서 말했어요. 둘이 먹다가 하나가 죽어도 모를 비빔밥을 만들어 보겠다며 말이에요.

먼저 냉장고에서 고사리 볶음과 시금치 무침을 꺼냈어요. 아빠가 만들어 두셨던 무생채도 꺼냈지요. 그리고 모두 가위로 잘게 잘랐어요. 마지막으로 자른 반찬을 밥과 함께 큰 그릇에 담았어요. 그리고 고추장과 간장을 듬뿍 넣은 뒤에 열심히 비볐어요.

"자, 주은이 표 비빔밥 완성! 우리 빨리 먹어 봐요."

그런데 간장을 너무 많이 넣었나 봐요.

"악, 짜! 엄마, 완전 *실패예요. 전 요리에 소질이 없나 봐요."

"아니야, 주은아. 조금 짜지만 맛있어. 누구나 실수를 할 수 있고, *완벽하지 않아도 괜찮아. 오늘 충분히 잘했어."

주은이의 비빔밥은 완벽하지 않았어요. 하지만 괜찮았지요. 맛은 덜해도 정성은 절대 덜하지 않았으니까요.

*실패 일을 잘못하여 뜻한 대로 되지 아니하거나 그르침.

*완벽 흠이 없는 구슬이라는 뜻으로, 결함이 없이 완전함을 이르는 말.

밑줄 친 부분을 쓱쓱 따라 써 봐요

읽고 쓴 날 월 일

한 줄 일기를 쓰고 쑥쑥 마음을 키워요

쑥쑥쑥쑥

낱말 놀이

질문을 읽고 낱말을 짐작해 봐!

다음 빈칸에 들어갈 알맞은 낱말을 보기에서 찾아 써 보세요.

보기 인상 생명 속도 실패 완벽

사람 얼굴의 근육이나 눈살을 무엇이라고 할까요?

동물과 식물의, 생물로서 살아 있게 하는 힘을 무엇이라고 할까요?

물체가 나아가거나 일이 진행되는 빠르기를 무엇이라고 할까요?

흠이 없는 구슬이라는 뜻으로, 결함이 없이 완전함을 이르는 말은 무엇일까요?

일을 잘못하여 뜻한 대로 되지 아니하거나 그르치는 것을 무엇이라고 할까요?

8장

내 마음을 다스릴 수 있어요

36 내 진짜 마음을 들여다보아요

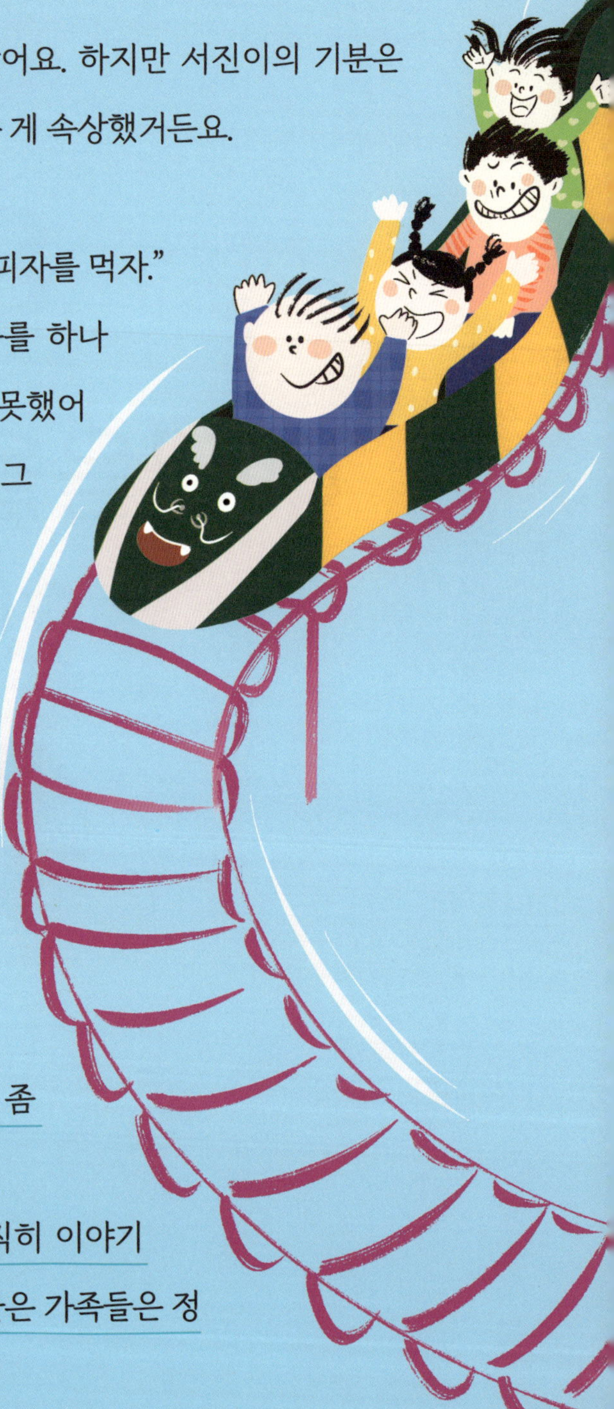

오랜만에 가족들과 놀이공원에 놀러 왔어요. 하지만 서진이의 기분은 '흐림'이었지요. 엄마, 아빠가 동생만 챙기는 게 속상했거든요.

"서진아, 서우랑 놀이기구 같이 타야지."

"서진아, 매운 치킨은 서우가 못 먹잖아. 피자를 먹자."

서진이는 타고 싶었던 무서운 놀이기구를 하나도 못 탔고, 먹고 싶었던 매운 치킨도 먹지 못했어요. 문득 서진이는 서우가 너무 미웠어요. 그래서 자기도 모르게 가만히 있는 서우의 머리를 '콩' 쥐어박았어요. 아파하는 동생을 보니 서진이는 스스로 *악당이 된 거 같았어요.

'내가 왜 이러지?'

그런데 가만히 생각해 보니까 자신의 진짜 마음은 동생이 미운 게 아니었어요.

"서우야, 언니가 미안해. 하지만 엄마, 아빠! 서우만이 아니라 제가 원하는 것도 좀 생각해 주세요."

서진이는 자신의 마음을 *솔직히 이야기했어요. 서진이의 진짜 마음을 들은 가족들은 정말 미안해했답니다.

*악당 나쁜 짓을 일삼는 사람.

*솔직히 거짓이나 숨김이 없이 바르고 곧게.

밑줄 친 부분을 쓱쓱 따라 써 봐요

읽고 쓴 날 월 일

한 줄 일기를 쓰고 쑥쑥 마음을 키워요

37 스스로 결정하는 힘을 길러요

나는 엄마가 없으면 아무것도 못 해요. 학교 가방도 엄마가 챙겨 주고, 학원 가는 시간도 엄마가 알려 줘요. 그런 나에게 '친구 선물 고르기'처럼 어려운 일도 없지요. 그것도 내가 가장 좋아하는 기정이의 선물을 고르는 일이라면 말이에요.

'어떻게 하지? 지금이라도 전화로 엄마에게 물어볼까?'

문구점 앞에 서서 잠깐 고민했지만, 나는 고개를 절레절레 저었어요. 언제까지 엄마에게 물어보기만 할 수는 없으니까요.

그래서 문구점을 열심히 살폈어요. 기정이 선물로 뭐가 좋을까 고민하면서요. 그때 내 눈에 오카리나가 보였어요. 오카리나를 보는 순간, 얼마 전에 오카리나가 부서져 속상하다는 기정이의 말이 기억났어요.

"그래, 저게 좋겠어!"

나는 그렇게 기정이가 좋아할 만한 선물을 *결정했어요. 그것도 혼자 힘으로 말이에요. *스스로 해냈다는 기쁨에 날아갈 것 같았답니다. 그리고 내가 고른 선물을 보며 기뻐할 기정이의 얼굴이 빨리 보고 싶었어요.

*결정 무슨 일을 어떻게 하기로 정하는 것.

*스스로 남이 돕거나 시켜서 하는 것이 아니고 자기의 결심에 따라서.

밑줄 친 부분을 쑥쑥 따라 써 봐요

읽고 쓴 날 월 일

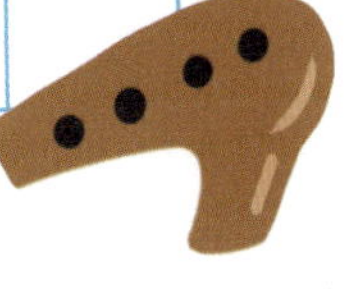

한 줄 일기를 쓰고 쑥쑥 마음을 키워요

38 나만의 기준을 세워요

"하준아, 일요일에 할머니 댁에 가기로 한 거 잊지 않았지?"

"으악, 어떻게 하지?"

나는 아빠랑 했던 약속을 깜빡 잊고 있었어요. 그래서 유찬이가 일요일에 공원에서 같이 자전거를 타자고 말했을 때 시원하게 좋다고 말했지요.

나도 모르게 약속을 겹쳐 잡은 거였어요. 사실 할머니 댁에 가지 않고 유찬이와 자전거를 타고 싶었어요. 하지만 나는 '먼저 한 약속이 더 중요해.'라는 *기준을 가지고 있어요. 그래서 늘 그 기준에 따라 행동해 왔지요.

결국 나는 유찬이에게 전화를 걸어 사과했어요.

"유찬아, 미안해. 일요일에 내가 할머니 댁에 가기로 한 걸 깜빡했어. 자전거는 다음에 타면 안 될까?"

"그랬구나. 알겠어! 그러면 자전거는 다음 주에 타자."

나는 아쉽기는 했지만 내 기준에 따라 문제를 해결했어요. 이렇게 기준을 세우면 좋은 점이 많아요. 뭔가를 결정해야 할 때 고민을 덜어주거든요. 그리고 *우왕좌왕할 필요도 없고요. 잘못된 선택을 할 일도 적어진답니다.

***기준** 기본이 되는 표준.

***우왕좌왕** 이리저리 왔다 갔다 하며 일이나 나아가는 방향을 종잡지 못함.

밑줄 친 부분을 쑥쑥 따라 써 봐요

읽고 쓴 날 월 일

한 줄 일기를 쓰고 쑥쑥 마음을 키워요

39 결정한 일은 책임을 다해 지켜요

연서는 저녁 시간이 훌쩍 넘어서야 집에 돌아왔어요. 친구들과 보드게임도 재미있게 하고, 떡볶이도 맛있게 먹고 헤어졌거든요.

"다녀왔습니다."

"그래, 친구들이랑은 잘 놀았니?"

"네! 신나게 놀았어요."

씩씩하게 대답한 연서는 부랴부랴 씻었어요. 그리고 방에 들어와서도 바빴지요. 해야 할 숙제가 산더미 같았거든요. 학교 숙제도 있고, 학원 숙제도 있었지요.

'으, 언제 다 하지?'

연서는 마음이 급했어요. 생각보다 시간이 없어서 말이에요. 하지만 친구들과 즐겁게 논 게 *후회되지는 않았어요. 친구들과 노는 것을 *선택한 건 자신이니까요.

'잘 놀았으니, 숙제도 열심히 하자! 할 수 있어!'

연서는 오늘 하루 잘 놀았으니, 숙제도 열심히 해야겠다는 생각이 들었어요. 그래야 다음에 또 친구들과 잘 놀 수 있을 테니 말이에요. 그리고 결정한 일을 열심히 지키려는 자기 모습에 뿌듯했어요. 마치 어른이 되어 가는 것만 같았답니다.

***후회** 이전의 잘못을 깨치고 뉘우침.

***선택** 여럿 가운데서 필요한 것을 골라 뽑음.

밑줄 친 부분을 쓱쓱 따라 써 봐요

읽고 쓴 날 월 일

한 줄 일기를 쓰고 쑥쑥 마음을 키워요

40 나를 가장 잘 아는 건 나예요

"여보, 우리 아들은 의사가 될 거야. 공부를 잘하니까."

"흠, 나처럼 선생님이 되지 않을까? 나를 쏙 빼닮았으니까 말이야. 그렇지, 우리 아들?"

나는 엄마, 아빠의 이야기에 고개를 저었어요. 사실 내가 되고 싶은 건 의사도, 선생님도 아니었거든요.

"엄마, 아빠. 사실 저의 *꿈은 요리사가 되는 거예요."

"응? 요리사?"

엄마, 아빠는 놀란 눈으로 날 바라보셨어요. 난 *당당하게 대답했어요.

"네, 제가 한 요리로 사람들을 즐겁게 해 주고 싶어요. 전 요리하는 게 좋아요."

엄마, 아빠는 가만히 날 보시다가 웃으며 말씀하셨어요.

"그래, 좋은 꿈이네. 당연히 우리 재현이가 하고 싶은 걸 해야지."

"우리가 정작 재현이의 이야기는 들어 보지 않았네."

나는 속이 시원했어요. 그리고 내 꿈을 당당히 키워 가기로 했지요. 사실 나를 가장 잘 아는 건 나예요. 무엇이 되고 싶은지, 무엇을 하고 싶은지 내 속 마음을 가장 잘 아는 것은 나니까요.

*꿈 실현하고 싶은 희망이나 이상.

*당당하게 남 앞에 내세울 만큼 모습이나 태도가 떳떳하게.

밑줄 친 부분을 쓱쓱 따라 써 봐요

읽고 쓴 날 월 일

한 줄 일기를 쓰고 쑥쑥 마음을 키워요

쓱쓱싹싹

낱말 놀이

선으로 연결하여 문장을 만들어 봐!

다음 내용을 읽고, 어울리는 말을 선으로 연결하여 문장을 완성해 보세요.

동생은 내 과자를 몰래 먹었다고	우리 가족은 여행을 어디로 갈지 아직	그림 대회에서 심사 위원들은 정해진
솔직히	기준에	결정하지
말했어요.	못했어요.	따라 그림의 점수를 매겼어요.

쓱쓱 따라 쓰며
쑥쑥 마음을 키웠나요?

언제든지 다시 펼쳐 보고
내 마음의 소리를 들어 보세요.

쑥쑥쑥쑥

낱말놀이

정답

1장

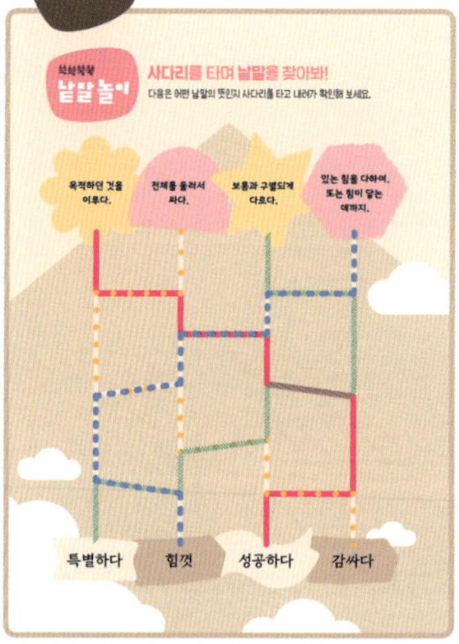

2장

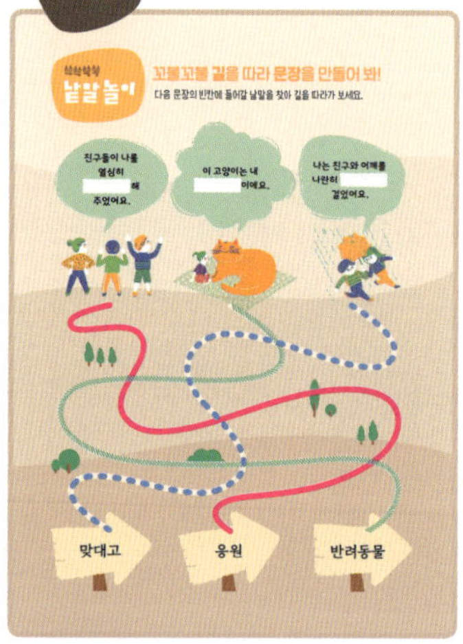

3장

4장

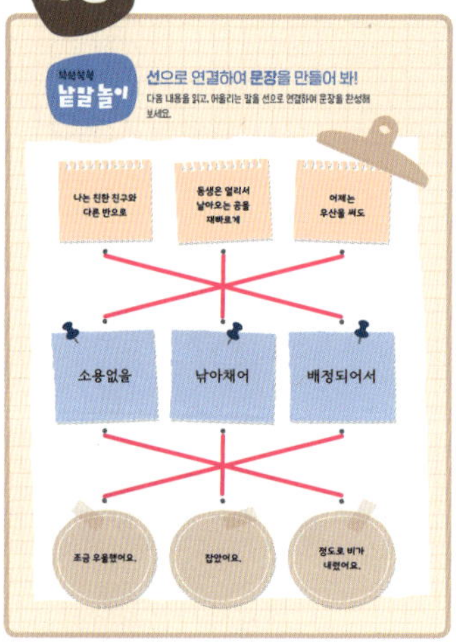

5장

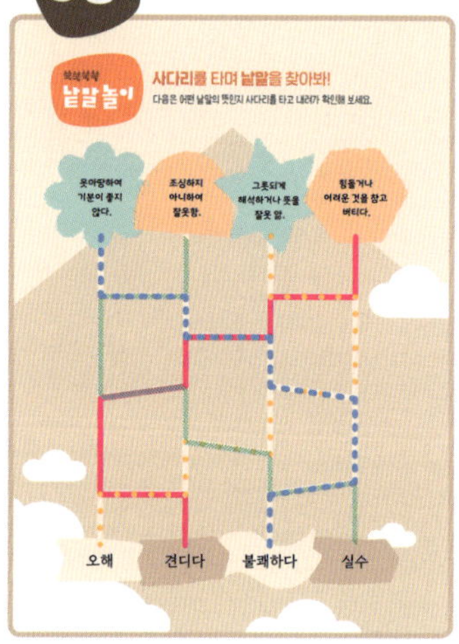

6장

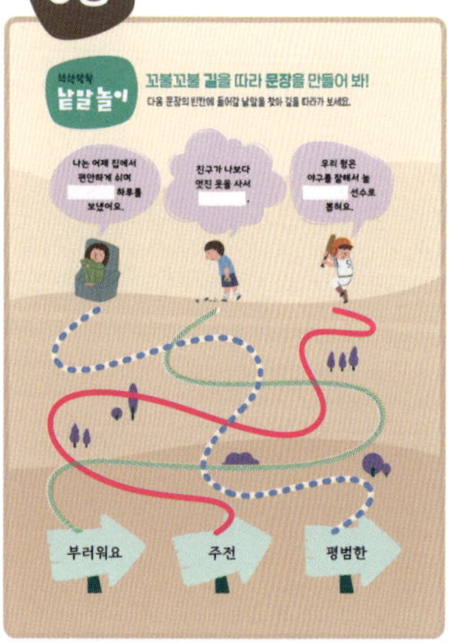

7장

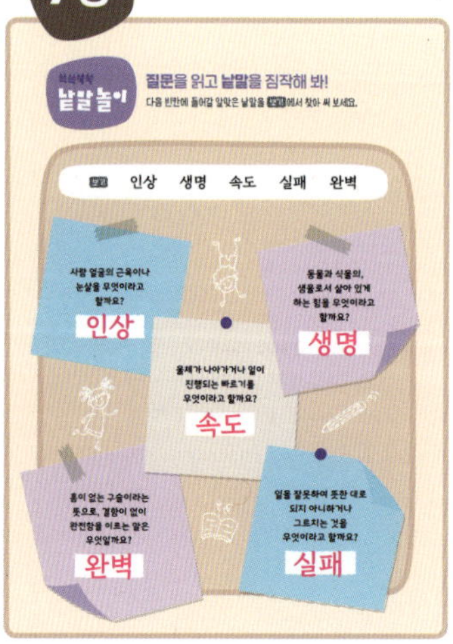

8장

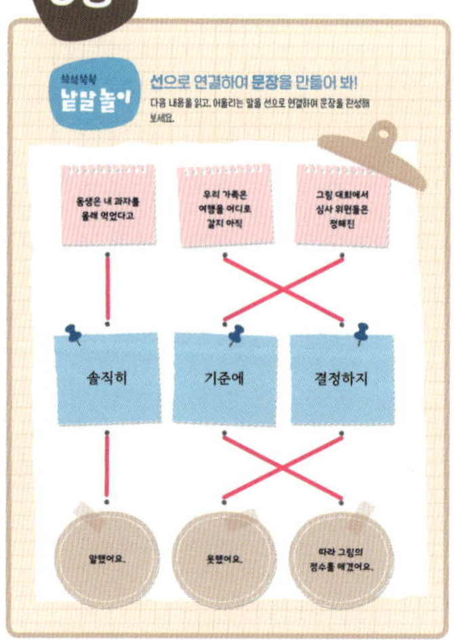

씀씀 따라쓰고 쑥쑥 성장하기 2 마음

우당퉁탕 내 마음

펴낸날 2026년 1월 1일(초판 1쇄)

펴낸이 주민홍 **펴낸곳** (주)NE능률

주소 서울시 마포구 월드컵북로 396(상암동) 누리꿈스퀘어 비즈니스타워 10층

대표전화 02-2014-7114 **홈페이지** www.neungyule.com

글 이현정, 김서나경, 왕입분

그림 루루, 명하나, 혜경, 유현진, 김경진, 지효진, 정희정, 윤희재

개발책임 장명준 **개발** 류예지, 이해준, 최수미, 박수희

디자인책임 오영숙 **디자인** 안훈정, 조가영, 장수현 **제작책임** 한성일

등록번호 제1-68호

ISBN 979-11-253-5118-4 **SET** 979-11-253-5116-0